LE CULTE DOMESTIQUE

SERMON

PRONONCÉ AU TEMPLE ISRAÉLITE D'ENGHIEN

Le premier jour de Rosch-Haschana (19 septembre 1895)

PRIÈRE

EN SOUVENIR DE M. SIMON HAYEM

PRÉSIDENT DE LA COMMUNAUTÉ

PAR

LÉON LÉVY

Élève au Séminaire Israélite

PUBLIÉ PAR LES SOINS DE L'ADMINISTRATION DU TEMPLE

LE

CULTE DOMESTIQUE

SERMON

PRONONCÉ AU TEMPLE ISRAÉLITE D'ENGHIEN

Le premier jour de Rosch-Haschana (19 *septembre* 1895)

PRIÈRE

EN SOUVENIR DE M. SIMON HAYEM

PRÉSIDENT DE LA COMMUNAUTÉ

PAR

LÉON LÉVY

Élève au Séminaire Israélite

PUBLIÉ PAR LES SOINS DE L'ADMINISTRATION DU TEMPLE

LE CULTE DOMESTIQUE

שמע בני מוסר אביך ואל תטש
תורת אמך.

Écoute, mon fils, l'instruction de ton père et n'abandonne pas l'enseignement de ta mère.

(PROV., I, 8.)

MES FRÈRES,

Quel spectacle réconfortant pour tous ceux qui prennent à cœur les intérêts du Judaïsme et qui ont le souci de son avenir, que celui qui s'offre à leurs regards durant ces jours de saintes convocations. Les ימים נוראים « les jours redoutables », aujourd'hui comme jadis, ont le privilège de faire battre à l'unisson tous les cœurs israélites, de remuer jusqu'au fond de l'âme les plus indifférents et de ramener toujours dans nos temples des foules émues et recueillies. Sauf les sacrifices et les pompes magnifiques de l'ancien sanctuaire, nous célébrons encore ces imposantes solennités comme au temps passé. Partout où il y a des Israélites, on éprouve le besoin de se réunir durant ces saintes journées en de pieuses assemblées, de venir se recueillir dans la maison de Dieu, et d'adresser en commun des hommages et des supplications à celui qui tient entre ses mains les destinées humaines. Chaque année, à la même époque, nous venons supplier Dieu de pardonner nos fautes, de bénir l'année qui s'ouvre devant nous et, en retour de ces bénédictions, nous prenons l'engagement de ne plus lui être infidèles et de suivre ses saintes volontés. Aussi fermes et aussi inébranlables que paraissent nos saintes résolutions pendant ces jours de rendez-vous solennels, que deviennent-elles une fois que nous avons franchi de nouveau le seuil de l'enceinte sacrée, que nous nous retrouvons dans le monde, au milieu des soucis et des soins de la vie journalière? Hélas! nous les oublions bientôt, nous vivons comme par le passé. Si à certains moments de l'année nous sentons se réveiller en nous l'amour de la religion, si les cérémonies extérieures du culte nous attirent pour quelques instants par leur objet sublime, elles ne sauraient arrêter bien longtemps notre âme indisciplinée, parce que nous n'avons pas l'habitude de la méditation, de l'examen de conscience, de l'étude des choses sacrées, en un mot parce que la religion n'occupe plus, dans l'éducation de la jeunesse, la place qui lui est due. En effet, pour que l'instruction religieuse porte ses fruits, il ne suffit pas d'enseigner à nos enfants la foi de nos pères, mais il faut encore, et surtout, que dans la maison paternelle on pratique ce qu'on enseigne et ce qu'on fait enseigner. Quel avantage peut-il y avoir pour l'enfant de lui faire ressortir la signification de nos fêtes, de lui montrer les bienfaits et l'efficacité de la prière et de faire éclater à ses yeux les grandes vérités et les beautés de notre morale et de notre religion, si, sous le toit paternel, rien ne vient confirmer l'enseignement du maître. La religion pratiquée dans la famille est pour l'enfant la condition indispensable d'une piété sincère. Aussi, mes frères, nous proposons-nous dans cet entretien d'appeler votre attention sur l'influence bienfaisante de l'enseignement et des exemples de piété que l'enfant reçoit de son père et de sa mère. Le culte domestique sera le sujet de cette prédication.

Mes Frères,

Jusqu'au moment de l'exil, nous ne trouvons chez les Hébreux nulle trace d'école publique. C'est au père et à la mère qu'incombait à la fois le soin de l'éducation physique, morale et religieuse de l'enfant. Moïse n'avait institué aucune école où l'enfant pût recevoir l'enseignement du maître, il n'avait établi aucun lieu de prière où les âmes pussent aller se retremper en commun à la source de la foi. בכל המקום אשר אזכיר את שמי אבוא אליך וברכתיך « En tout lieu, dit l'Ecriture, où » j'entendrai invoquer mon nom, je viendrai à toi et te » bénirai [1]. »

L'éducation proprement dite, la formation lente et

1. Exode, xx, 24.

progressive de l'individu, l'œuvre de chaque jour et de tous les instants, était donc exclusivement la tâche des parents. Dans le silence du foyer domestique, le père et la mère mettaient toutes les ressources de leur esprit et de leur cœur à l'accomplissement de cette double et sainte tâche qui consistait à former des hommes pour la patrie, des fidèles pour Dieu.

Pendant la première jeunesse, les enfants des deux sexes étaient élevés par leur mère. Elle leur prodiguait avec ses soins, son amour et sa foi. Elle les nourissait ainsi de son sang et de sa vie morale et religieuse. La jeune fille ne se séparait de la mère qu'au moment d'entrer sous le toit conjugal. Le jeune homme, au contraire, étant assez avancé en âge pour pouvoir se passer des soins qu'exige la première jeunesse, le père se chargeait à son tour de son éducation. Conformément à la recommandation de Moïse, qui, après avoir fait connaître à Israël les principes de la doctrine et de la morale du Judaïsme, lui dit d'une manière formelle : ושננתם לבניך ודברת בם בשבתך בביתך ובלכתך בדרך ובשכבך ובקומך « Tu les inculqueras à tes enfants, tu leur en » parleras dans ta maison, en chemin, à ton coucher, » à ton lever [1], » le chef de famille, le matin à son départ, le soir à son retour et chemin faisant, racontait à son fils les grandeurs de notre histoire, la merveilleuse destinée de nos aïeux, la protection divine dont ils ont été constamment l'objet et la haute mission

[1] Deut., VI, 7.

que nous avons à remplir au sein de l'humanité. Aussi, mes frères, leur existence tout entière se ressentait-elle de ces premières impressions. Et en effet, quel enseignement pourrait exercer sur de jeunes esprits une action plus directe et plus sûre, quel enseignement serait mieux fait pour aller au cœur, que celui des parents, dicté par les sentiments de la plus vive affection et de l'amour le plus pur.

Pendant l'exil, pendant notre longue dispersion, quelle autre autorité que celle du père et de la mère aurait pu garantir la foi de nos ancêtres contre tous les dangers qui la menaçaient. Des ennemis aveugles et insensés voulaient la perdre à tout prix, ils espéraient fatiguer la piété des Hébreux en les soumettant aux épreuves les plus cruelles : des injustices de toutes sortes, des accusations odieuses, des actes inhumains, des bannissements monstrueux, des cachots, des tortures, des bûchers et des massacres. Des croyances, filles de la religion du Sinaï, ont porté successivement une main meurtrière sur leur mère, mais leurs violences ont été impuissantes et vaines, la religion israélite est restée debout, grâce à l'énergie indomptable de nos vaillants ancêtres. Les souffrances, l'exil, la mort, ces âmes fortifiées sans cesse à la source de la foi, de la vérité et des espérances éternelles, elles les acceptaient sans hésitation, sans défaillance.

Eh bien, mes frères, où trouverons-nous donc cette puissance invisible qui triomphait toujours, qui donnait tant de force aux opprimés, tant de courage aux malheureux, tant de consolation, tant d'espérance, qui transformait les bûchers en spectacles sublimes, sublimes par la résignation des victimes, sublimes par leur sérénité et par leur grandeur d'âme, si ce n'est dans le culte du foyer, dans ces paroles en apparence si simples, mais d'un effet vraiment magique, répétées soir et matin par la bouche du père et de la mère? שמע בני מוסר אביך ואל תטש תורת אמך « Ecoute, mon fils, l'instruction de ton père, et n'abandonne pas l'enseignement de ta mère. »

Gloire donc à nos pères, gloire à leur piété, gloire au culte du foyer qui a su entretenir le feu sacré de la religion.

Mes Frères,

Ce culte si salutaire qu'est-il devenu de nos jours? Il ne faut pas nous le dissimuler, il tend malheureusement à disparaître chaque jour davantage; nos touchantes pratiques religieuses, les enseignements si purs et si élevés du Judaïsme occupent une place de plus en plus petite dans notre vie de famille. D'où vient donc ce délaissement de la religion? Notre bonheur nous ferait-il oublier celle qui a été notre consolation et notre force au milieu de nos souffrances? Sans doute, mes frères, la société moderne en nous appelant à de nouveaux devoirs, nous place quelquefois dans l'impossibilité d'accomplir certaines obligations religieuses. Nous ne sommes plus, Dieu merci, parqués à part, réduits à concentrer notre activité dans un cercle étroit qui bornait notre horizon et qui ne nous laissait que de trop longs loisirs, pieusement consacrés au culte du foyer. Aujourd'hui, grâce à Dieu, les persécutions ont cessé sur une grande partie du globe. La France généreuse a rompu les fers qui arrêtaient nos pas et nous a ouvert largement toutes les carrières. Mais est-ce à dire pour cela que le culte du foyer soit devenu impossible, ou a-t-il perdu sa raison d'être ? Non, non, mes frères, les exigences de la société moderne, n'ont rien d'incompatible avec ce culte si bienfaisant. De plus la société moderne a suscité à la foi de nos pères un ennemi bien plus redoutable que celui contre lequel nous avions à lutter dans le passé, un ennemi que nous portons en nous-mêmes, qui pénètre dans nos demeures et nous effraie, je veux dire l'incrédulité du siècle. Une des causes les plus importantes de ce fléau qui fait tant de ravages parmi nous, c'est l'ignorance de nos vérités et de nos croyances religieuses. A mesure que nous réservons à l'instruction une place de plus en plus large, dans l'éducation de nos enfants, que nous cherchons à orner leurs esprits des connaissances les plus variées, nous consacrons moins de temps à l'étude de nos dogmes, de notre morale et de notre histoire. Notre jeunesse ayant reçu tout au plus à l'époque de sa majorité religieuse quelques notions élémentaires, sans avoir rien approfondi, il n'est pas étonnant qu'elle soit indifférente à la religion lorsqu'elle lui est à peu près inconnue. On n'aime pas ce qu'on ignore, on ne s'attache pas à ce qui n'a pas jeté des racines profondes dans le cœur.

Nous avons, il est vrai, des écoles où notre foi est enseignée, nous avons des temples où l'on prêche les enseignements du Judaïsme, mais, mes frères, si l'école et le temple peuvent seconder ou compléter l'éducation du foyer, ils ne sauraient en tenir lieu. C'est dans l'intérieur de nos maisons que l'enfant doit voir mis en pratique les enseignements qu'il aura recueillis des lèvres du pasteur ou du maître. Mais si, au contraire, de retour des lieux d'instruction et d'édification votre propre conduite vient démentir les leçons qu'il aura reçues, s'il n'entend plus parler des grandes vérités de notre religion, s'il voit régner l'indifférence la plus complète à l'endroit de nos belles et touchantes cérémonies religieuses, comment voulez-vous que sa piété se consolide, que sa croyance s'ennoblisse.

O vous, chers frères et chères sœurs, vous dont Dieu a embelli l'existence en bénissant votre union et en vous accordant des enfants, hésiterez-vous à compléter l'éducation de ces êtres bien-aimés, en les initiant par vos propres leçons et vos propres exemples aux grandes beautés de notre morale et de notre religion. Après leur avoir donné l'éducation physique et scientifique, vous n'avez encore rempli que la moitié de votre devoir : la plus belle partie de votre tâche, celle de l'éducation morale et religieuse, c'est-à-dire de l'éducation proprement dite, vous reste encore à accomplir. « L'homme ne vit pas seulement de pain, s'écrie la Bible, il a encore besoin pour vivre de la parole divine. »

Ah pères et mères! qu'elle est grande et sublime la mission que Dieu vous a confiée! Qu'y a-t-il, en effet, de plus noble que d'élever un homme au bien et à la vertu. Nos sages ont dit avec raison que c'est elle qui constitue la véritable paternité, rend augustes et sacrés les noms de père et de mère et fonde mieux que tout le reste, les titres des parents au respect, à l'affection et à la reconnaissance des enfants.

Mes Frères,

L'Ecriture raconte que le roi de Moab, effrayé des conquêtes des Israélites, fit mander Balaam, le prophète païen, pour les maudire. Mais celui-ci, dès qu'il aperçut leur camp, ne put proférer une seule parole de haine, il ne lui vint à l'esprit et il ne trouva sur ses lèvres que des bénédictions. Touché de la grande simplicité de leur vie de famille, il s'écria dans un mouvement d'enthousiasme : מה טבו אהליך יעקב משכנתיך ישראל « Ah que tes tentes sont belles, ô Jacob, tes demeures, ô Israël! [1] »

Oui, mes frères, elles sont belles les demeures Israélites lorsque l'antique croyance y règne, avec ses saintes vertus, ses nobles traditions, l'élévation dans les sentiments et l'honneur dans les actes.

Elles sont belles les demeures Israélites quand, le

[1] Nombres, XXIV, 5.

vendredi soir ou la veille de nos grandes solennités, la lumière du sabbat ou des jours de fête les éclaire et fait rayonner la joie et le bonheur sur la figure des enfants, bénis par leurs père et mère au nom du Seigneur, quand la famille, réunie autour de la table, sanctifie le pain et le vin et chante des cantiques en l'honneur du Très-Haut!

Oui, elles sont belles les demeures Israélites, quand pendant ces soirées inoubliables, parents, enfants et hôtes, célèbrent en commun les saintes cérémonies de notre religion, racontent les événements merveilleux de notre histoire, la grandeur et la gloire de nos pères.

Elles sont belles, enfin, les demeures Israélites durant l'année toute entière, quand le foyer domestique est un sanctuaire du Seigneur où le matin et le soir on accorde la première et la dernière pensée à Dieu, où l'on n'oublie jamais de remercier le Seigneur, pour chaque satisfaction, pour chaque jouissance, où la porte est ouverte à tous les déshérités de la fortune sans distinction de culte et de race; où les enfants aiment leurs parents d'un amour sans bornes et les respectent à l'égal de Dieu ; où les parents voient dans leurs enfants un dépôt sacré que le ciel leur a confié et sur lequel ils doivent veiller jour et nuit.

Chers Frères et chères Sœurs, puissiez-vous prendre toujours à tâche, d'entretenir dans le cœur de vos enfants le feu sacré de la religion! Ces sentiments de piété qu'ils auront puisés au foyer domestique seront leur divine sauvegarde contre toutes les tentations de la vie, ils feront le bonheur de leur avenir. Ils y trouveront la force nécessaire pour soutenir sans défaillance le combat de la vie. Au sein de l'épreuve ou de la souffrance, la religion leur apportera la force, le courage et l'espérance. Elle embellira leur existence, assignera un but plus noble à leurs aspirations et sera pour eux une source inépuisable de bénédictions. Oui, pères et mères, donner à vos enfants par votre propre exemple l'amour de la religion, c'est le trésor le plus précieux que vous puissiez déposer entre leurs mains et qui vous comptera aux yeux de l'Eternel comme le plus grand de vos mérites. « Trois actes font gagner le ciel, disent nos Sages, l'un de ces actes est l'éducation religieuse que les parents donnent à leurs enfants. » Cette éducation est tellement puissante qu'elle peut, dit la tradition, arracher le père qui la donne à son fils, aux châtiments de la vie future. « Enseigne à ton enfant la loi de Dieu et il te délivrera des peines méritées, il apportera les délices à ton âme, il te donnera l'entrée du paradis et une place à côté des hommes justes. »

Amen!

PRIÈRE.

Seigneur, il t'a plu dans ta justice infinie de faire entrer, il y a quelques mois, le deuil dans la communauté d'Enghien. Ta main s'est appesantie sur nous,

nous avons été douloureusement éprouvés par la mort de notre vénéré et respecté président Simon Hayem. — En ce jour de fête qui réveille en nous tant de souvenirs du passé, il est de notre devoir d'accorder une pieuse pensée à celui que nous pleurons et d'implorer ta miséricorde infinie pour le repos de son âme.

נפלה עטרת ראשנו

« Elle est tombée la couronne de notre tête. »

Nous avons perdu un des fondateurs les plus actifs et les plus dévoués de notre chère communauté, celui que nous avions l'habitude de voir présider nos offices avec tant d'affabilité et une dignité incomparable. Malgré son grand âge, pleins de confiance en la bonté divine, nous osions espérer le voir encore longtemps occuper parmi nous cette place d'honneur qui lui appartenait à tant de titres. — Mais toi, Seigneur, tu en avais décidé autrement. Tu as rappelé à toi celui qui fit tant d'honneur au Judaïsme par ses idées nobles et élevées, par ses fortes vertus et son inépuisable charité.

— Si quelque chose peut atténuer notre douleur, si vive et si profonde, c'est assurément la pensée qu'il a quitté ce monde, estimé et regretté de tous, laissant une mémoire bénie, parée de cette couronne de bon renom כתר שם טוב que nos Sages placent au-dessus de la couronne d'un roi et qui est l'apanage des vertus éprouvées et des plus éclatants mérites.

Seigneur, reçois dans ton sein son âme si pure et qu'il jouisse auprès de toi des ineffables délices que tu promets à ceux qui accomplissent ici-bas ta sainte volonté.

— Nous te prions pour sa famille désolée, à laquelle tu as ravi son plus bel ornement, son joyau le plus précieux. O console ceux que tu as affligés, que leur amertume soit adoucie par la pensée qu'ils ne sont pas seuls à le pleurer, que leurs regrets sont partagés par tous ceux qui ont connu Simon Hayem.

— Seigneur, nous honorerons la mémoire de nos chers disparus en gardant pieusement leur souvenir, en nous inspirant de leurs exemples et en marchant sur leurs traces.

— En ce jour de souvenir, Seigneur, nous rappelons devant toi, toutes ces belles existences qui se sont éteintes parmi nous.

Reçois leurs âmes avec bienveillance et réserve-leur une place à côté des hommes justes. Puisses-tu, toi-même apaiser toutes les douleurs que leur mort a laissées parmi nous, verser un baume céleste sur la blessure de leurs familles, si douloureusement éprouvées, calmer leur affliction et adoucir l'amertume de leurs regrets.

Amen !

PARIS

IMPRIMERIE LÉOPOLD CERF

13, RUE DE MÉDICIS, 13

www.ingramcontent.com/pod-product-compliance
Lightning Source LLC
LaVergne TN
LVHW010412240826
846091LV00020B/3644

* 9 7 8 2 0 1 3 6 7 8 0 0 1 *